V 2249
B·1.

20733.

CONSIDÉRATIONS

SUR L'INSTITUTION

DES

PRINCIPALES BANQUES

DE L'EUROPE.

O U V R A G E S que l'on peut trouver chez JEUNEHOMME, *Imprimeur, rue de Sorbonne, n°. 4; et chez* F. BUISSON, *Libraire, rue Hautefeuille, n°. 23.*

DE LA PRÉPONDÉRANCE MARITIME ET COMMERCIALE DE LA GRANDE-BRETAGNE; ou *Des Intérêts des Nations, relativement à l'Angleterre et à la France;* 1 vol. in-8°., de 376 pages d'impression; par M. *Monbrion.* — Cet ouvrage paraîtra dans la huitaine.

CONSIDÉRATIONS SUR L'UTILITÉ DU RÉTABLISSEMENT DE LA FRANCHISE DU PORT, DE LA VILLE ET DU TERRITOIRE DE MARSEILLE; brochure in-8°., de 48 pages d'impression; par M. *Peuchet.*

BIBLIOTHÈQUE COMMERCIALE, ouvrage destiné à répandre les connaissances relatives au Commerce, à la Navigation, au Droit et à la Jurisprudence du Commerce, à la Statistique et à l'Economie politique, dans leur rapport avec le Commerce et l'Industrie; par M. *Peuchet, ancien Membre du Conseil de Commerce au Ministère de l'Intérieur, etc.* — Cet ouvrage qui paraît par livraisons, est à sa quatrième année de souscription, et coûte par année 24 francs. — Les trois premières années, formant neuf volumes grand in-8°., se vendent 54 fr., pris à Paris, et 63 fr. pour les départements.

DICTIONNAIRE UNIVERSEL DE COMMERCE, BANQUE, MANUFACTURES, DOUANE, PÊCHE, NAVIGATION MARCHANDE; DES LOIS ET ADMINISTRATION DU COMMERCE: auquel on a joint l'explication des *Changes, Monnaies, Poids et Mesures* de diverses Nations commerçantes, avec leur réduction en valeurs françaises;

Terminé par une Nomenclature, en douze Langues, de toutes les Marchandises et Matières connues dans le Commerce, savoir; en Français, Anglais, Allemand, Hollandais, Danois, Suédois, Italien, Espagnol, Portugais, Russe, Polonais et Latin.

Par *une Société de Négociants, de Jurisconsultes et de Personnes employées dans l'Administration;* et dédié A LA BANQUE DE FRANCE.

2 forts volumes in-4°., de 2200 pages, imprimés en deux colonnes grande justification, sur caractère neuf de Petit-Romain interligné, et sur beau papier carré fin d'Auvergne. La Nomenclature est imprimée sur quatre colonnes de Petit-Texte, non interlignées. Prix 42 fr, brochés en carton; reliés en basane propre, 48 fr.

CONSIDÉRATIONS

SUR L'INSTITUTION

DES

PRINCIPALES BANQUES

DE L'EUROPE,

PARTICULIÈREMENT SUR CELLE DE FRANCE;

SES STATUTS, SON ADMINISTRATION;

SA SOLIDITÉ ET SON CRÉDIT.

PAR M. MONBRION,

Un des Auteurs du Dictionnaire Universel de Commerce, dédié à la Banque de France.

~~~~~~~

DE L'IMPRIMERIE DE JEUNEHOMME.

A PARIS,

Chez F. BUISSON, Libraire, rue Hautefeuille, n°. 23.

AN XIV. — 1805.

CONSIDÉRATIONS

SUR L'INSTITUTION

DES PRINCIPALES BANQUES

DE L'EUROPE.

PREMIÈRE PARTIE.

§ I.er

Objet et Utilité des Banques.

C'est au moment où la malveillance a tâché
d'ébranler une des colonnes les plus solides
du crédit public, en excitant une aveugle méfiance sur le sort de la Banque de France,
qu'il convient de faire connaître la solidité de
cet établissement, qui mérite si justement le
grand crédit dont il jouit. Mais, peut-être
serait-il nécessaire d'accroître son activité et
sa sphère par de nouveaux statuts, dont
l'exemple des autres Etats commerçants, et

1

l'expérience, semblent avoir démontré la nécessité.

En effet, tout prouve que la Banque de
France, malgré son utilité reconnue, et la
sagesse de ses statuts actuels, n'a atteint, jusqu'à ce jour, que la moitié du grand but auquel elle doit tendre, pour que son institution
soit aussi avantageuse au commerce en général, qu'à l'Etat en particulier.

La Banque de France, pour mériter vraiment ce titre, ne doit pas borner ses opérations
à faciliter la circulation des richesses dans la
capitale seule, ni à escompter simplement les
effets de commerce, ce qui l'assimilerait à une
caisse d'escompte, et priverait la France des
avantages les plus considérables d'une pareille
institution.

Pour bien apprécier la nature de cet établissement, et la sphère qu'il doit embrasser, il
faut déterminer le genre d'opération qui doit en
faire l'objet, et les moyens les plus propres
qu'on doit employer, pour qu'on puisse en
attendre un véritable succès.

L'objet capital d'une Banque, est de faciliter
les nombreuses transactions du commerce, d'en
augmenter l'activité et les effets salutaires, en
suppléant par son crédit et ses virements conti-

nuels, au numéraire effectif, dont la quantité, toujours bornée, ne peut suffire à l'étendue du commerce, et à ses besoins multipliés.

Les métaux précieux, comme nous le disons dans un Ouvrage qui sera publié incessamment (1), sont redevables de l'influence qu'ils ont constamment eue dans les sociétés policées, moins à leur propre valeur, qu'à l'avantage qu'ils ont d'être le signe représentatif de toutes choses; d'entretenir et de favoriser la circulation, si nécessaire aux progrès de l'industrie et du commerce. Telles sont les véritables richesses des Nations, bien plus que la possession de ces métaux, qui affluent toujours là où les appellent l'industrie, l'activité et l'abondance; et qui fuient les pays où règnent l'oisiveté et l'inertie, malgré les vains efforts qu'on fait pour les y retenir.

C'est pour entretenir et accroître cette circulation des vraies richesses, et diminuer l'emploi des métaux précieux dans les nombreuses transactions commerciales, qu'ont été instituées les Banques chez la plupart des Peuples commerçants. Ayant mieux approfondi les prin-

_____

(1) De la Prépondérance Maritime et Commerciale de la Grande-Bretagne; ou des Intérêts des Nations, relativement à l'Angleterre et à la France. 1 vol. *in-8o.*

cipes de cette savante théorie, ils ont voulu multiplier les effets salutaires de l'argent monnayé, par l'institution des Banques; et la création d'un papier-monnaie qui le remplaçât avantageusement dans la circulation, et les transactions qui sont l'ame du commerce.

L'Angleterre, qui a su le mieux profiter de cet avantage, a donné à son commerce et à sa puissance une extension que l'une et l'autre n'auraient vraisemblablement jamais acquise, sans les effets surprenants de cette ingénieuse invention. C'est peut-être au succès de cette institution moderne, qu'elle doit en partie sa prospérité; puisque c'est une des bases de sa grandeur, et une des principales causes des progrès excessifs de son commerce, de sa marine et de ses manufactures.

En effet, cette institution recula les bornes que la nature avait jusqu'alors fixées et maintenues entre les richesses des différentes puissances, et leur donna pour ainsi dire de nouvelles facultés qui les élevèrent rapidement à un tel degré de prospérité, qui surpassa de beaucoup leurs forces réelles. Avant cette époque, rien ne pouvant tenir lieu de richesses que les richesses mêmes, ou ce qui avait intrinsèquement la valeur de ce qu'on voulait représenter, aucun peuple ne pouvait alors par la création d'un crédit fictif, se procurer des moyens de puissance qui étaient pour ainsi dire empruntés, et qu'il ne possédait réellement pas. Il n'était donc pas alors au pouvoir d'une nation d'étendre son commerce à volonté, d'envahir par son crédit toutes les richesses, et de surpasser au-delà de toute probabilité ses ressources naturelles. Tels furent les principes et les effets de cette nouvelle espèce de richesse qui éleva la Grande-Bretagne, et l'on pourrait même dire, Venise et la Hollande, à un si haut degré de splendeur.

§. I I.

Origine et Institution des principales Banques de l'Europe.

Les États qui possédaient un grand commerce, s'aperçurent bientôt que la plupart des commerçants et des banquiers, qui étaient liés continuellement par de grands rapports d'intérêt, avaient sans cesse à recevoir les uns des autres, et à se libérer mutuellement. On avisa dès lors aux moyens les plus propres à faciliter cet échange, ou ce virement continuel.

de numéraire, par l'établissement d'une Banque qui en fut le centre commun.

. Ce fut dans cet esprit que le plus ancien établissement de ce genre, la Banque de Venise, fut instituée dans le moyen âge. Cet État qui possédait alors le plus vaste commerce de l'Europe, en avait senti de bonne heure la nécessité. Il fut un des premiers à s'en former un moyen de richesse et de puissance, qui servit ensuite d'exemple aux institutions semblables, que plusieurs nations créèrent successivement pour faciliter leurs opérations de commerce, soutenir et augmenter leur crédit.

Il est donc essentiel de connaître et d'approfondir les bases de ces diverses Banques, pour pouvoir apprécier d'après les lumières de l'Histoire, l'objet de ces institutions, les services importants qu'elles ont rendus à l'État et au commerce, et les diverses moyens qu'elles ont employés pour obtenir un succès aussi brillant que durable. C'est d'après ces vues vérifiées par l'expérience de plusieurs peuples, que la France pourra adopter un plan plus vaste, à l'égard de la Banque qu'elle a instituée, et qui est indispensable à la prospérité de son commerce, et au soutien de son crédit.

§. I I I.

Banque de Venise.

La Banque de Venise fut fondée par un édit solennel de cette ancienne et puissante République, qui statua que tous les paiements des marchandises achetées en gros, ainsi que ceux des lettres de change, ne pourraient se faire à l'avenir qu'en Banque, et que tous les débiteurs seraient tenus d'y porter leur argent, et tous les créanciers d'y recevoir leur paiement. Les sommes que les négociants et les banquiers y déposèrent pour s'ouvrir un crédit, formèrent le fond capital de ce grand établissement. Dès lors, tous les paiements s'effectuèrent avec la plus grande facilité et promptitude, par un simple virement de partie, ou transcription à la Banque, qui fut appelée pour cette raison, *Banco del giro*.

En effet, toutes les opérations commerciales se soldaient par le moyen d'un transport, que les débiteurs faisaient à leurs créanciers, qui étaient inscrits ou crédités à la Banque pour la somme qui leur était due. Ainsi, le montant des sommes portées au profit des diverses créditeurs, ne faisaient que changer continuellement,

de nomet de propriétaire, sans qu'il fût nécessaire de faire aucun paiement réel et effectif.

Néanmoins, pour donner la facilité aux
divers propriétaires des crédits en Banque,
de disposer à leur gré de ce qui leur était dû,
une caisse munie de fonds considérables était
destinée à payer sur-le-champ tous les crédits de Banque, dont les négociants voulaient
être payés comptant et en effectif. Cette fa-
culté de retirer son argent selon ses besoins
ou sa volonté, bien loin de diminuer les fonds
de la Banque, les avait augmentés ainsi que son
crédit.

Le plus grand ordre régnait dans l'administration de cette Banque célèbre, et la plus
scrupuleuse exactitude présidait à toutes ses
opérations. L'erreur, même involontaire, était
punie d'une forte amende et les fermetures
qui se faisaient à quatre époques différentes
de l'année, étaient destinées à en régulariser
et vérifier toutes les transactions. Comme la
Banque ne payait aucun intérêt des sommes
qu'on y déposait, on n'y exigeait aussi aucune
rétribution pour toutes les opérations qui en
dépendaient.

§. IV.

Banque d'Amsterdam.

La fameuse Banque d'Amsterdam fut établie en 1609, à peu près sur les mêmes principes que celle de Venise. Son succès fut tel, que son fonds monta bientôt à des sommes si prodigieuses, qu'on l'estima à 3000 tonnes d'or, évaluées à cent mille florins la tonne. Il fut ordonné par ses statuts, que les paiements des lettres de change et des marchandises vendues ou achetées en gros, ne pourraient s'effectuer qu'en argent de Banque, à moins que la somme ne soit au dessous de 300 florins.

Les paiements se faisaient avec la plus grande facilité, par un simple transport ou assignation des uns aux autres ; celui qui était créancier sur les livres de la Banque, devenait débiteur de la somme portée dans le transport, du moment qu'il avait signé son mandat en faveur d'un autre, porté créancier à sa place.

Quoique la Banque d'Amsterdam n'ait point de caisse ouverte pour le comptant, comme celle de Venise, il y a néanmoins des caissiers particuliers hors de la Banque, qui se chargent, suivant le cours de l'agio, d'opérer ces paiements ; c'est-à-dire d'escompter lescrédits ou les sommes qu'on possède à la Banque.

L'argent que l'on dépose dans cet établissement étant en ducatons, en rixdalers ou en lingots d'or et d'argent, dont le prix se règle suivant leur valeur, vaut ordinairement de 4 à 5 pour cent plus que l'argent courant, et c'est cette différence qui se nomme *agio*.

Ainsi, ceux qui ont de l'argent à la Banque, le peuvent retirer quand bon leur semble , ou en disposer par billets, en payant seulement un petit droit de garde. Mais on ne le retire jamais que dans un cas de nécessité; car il est plus commode et plus sûr d'avoir ses fonds à la Banque que par-tout ailleurs , la ville d'Amsterdam répondant de tous les dépôts faits dans cet établissement, qui se ferme deux fois l'année , pour faire la balance ou le bilan.

C'est principalement par le moyen de cette Banque , que la ville d'Amsterdam s'est soutenue pendant si long-temps avec tant de splendeur, et a étendu son commerce et son crédit dans toutes les parties du monde.

§. V.

Banque de Hambourg.

Une des Banques les plus anciennes et les

plus célèbres de l'Europe , après celle d'Amsterdam , qui lui a servi de modèle , est celle de Hambourg, qui fut instituée, en 1619, pour faciliter les paiements entre les négociants. Il est permis de déposer à cette Banque, comme à celle d'Amsterdam , des piastres et des lingots d'argent pour s'y ouvrir un crédit. L'on suppose le trésor de cette Banque, qui jouit d'une grande réputation dans toute l'Europe, fort considérable ; mais comme les employés font serment de garder inviolablement le secret sur ce qui entre ou sort, et sur ce que chaque particulier y a déposé, il est difficile de savoir quelque chose de certain à cet égard.

§. V I.

Avantages de ces Établissements.

Cette Banque ainsi que les autres de même nature , présentèrent des avantages inapréciables ; entr'autres, la facilité d'effectuer promptement toute espèce de paiements , l'épargne des frais de transport de l'argent, le mécompte ou les erreurs qui peuvent s'introduire, et enfin la sûreté de ses fonds , avec la faculté de pouvoir les réaliser sur-le-champ.

- Telles furent les bases sur lesquelles repo-

sèrent ces utiles établissements, qu'on qua‑
lifia du nom de *Banque*, d'où il est aisé de con‑
naître leurs opérations. Étant administrés avec
toute la prudence et l'intégrité qui doivent
commander la confiance, ils jouirent du plus
grand crédit ; et tant qu'ils n'en abusèrent pas,
ils furent très-favorables au commerce, qui
trouva dans les Banques un moyen d'accroître
son activité et ses ressources.

En effet, comme l'élément du commerce
consiste plutôt dans la prompte et facile cir‑
culation des richesses, que dans les richesses
elles-mêmes, il importe pour l'avantage du
commerce, d'assurer et de favoriser par tous
les moyens possibles, cette précieuse acti‑
vité qui anime et vivifie l'industrie générale.
Or, comme la quantité du numéraire, quelque
considérable qu'il puisse être, ne peut jamais
suffire à toutes les transactions commerciales, et
que l'activité nécessaire au commerce serait
sans cesse entravée par cet inconvénient, on
y a suppléé par la création d'un crédit pu‑
blic, et par l'institution des Banques, au moyen
desquelles on fait tous les paiements sans avoir
besoin d'argent effectif, qui étant moins de‑
mandé par le commerce, devient plus abon‑
dant. D'où il résulte un autre avantage très-

considérable, celui de faire baisser le taux de
l'intérêt de l'argent dans le lieu même, où par
l'étendue du commerce et la multiplicité des
transactions, il semblait devoir être, et aurait
effectivement été très-élevé, sans les bienfaits
d'un crédit public, basé sur l'établissement des
Banques.

Tels furent les avantages de ces institutions,
qui accrurent et consolidèrent le crédit des
commerçants, par le dépôt et la réunion de
toutes leurs richesses dans les Banques; elles
furent des espèces de caisses générales de commerce, qui se chargèrent de recevoir et de
payer toutes les sommes résultantes des opérations commerciales.

On y trouvait l'avantage d'avoir sa fortune
en sûreté et à l'abri de tous les événements
imprévus, et de pouvoir la réaliser à chaque
instant en totalité ou en partie, selon sa volonté ou ses besoins; et cela dans une valeur
déterminée et susceptible d'aucune réduction
dépendante de l'altération de la monnaie courante. La différence de valeur qui s'établit
entre l'argent de Banque et l'argent courant,
constitua l'*agio* proprement dit, qui varia
suivant les demandes plus ou moins considérables de l'un ou de l'autre; ce qui détermina

le cours, d'après lequel on pouvait acheter
ou vendre, soit de l'argent de Banque, soit
de l'argent courant.

§. V I I.

Opérations particulières aux Banques d'Amsterdam et de Hambourg.

Les Banques d'Amsterdam et de Hambourg,
soit pour augmenter leurs trésors, soit pour
faciliter et augmenter le nombre de leurs actionnaires, ouvrirent des crédits ou prêtèrent
sur des nantissements, qui étaient des lingots
d'or et d'argent, ou des espèces étrangères,
dont le poids et le titre avaient été soigneu-
sement vérifiées. Elles fournirent, en contre-
valeur, des récépissés qui portaient qu'après
un certain délai fixé, le porteur devait retirer
son engagement, ou qu'il serait vendu à la
barre de la Banque; et dans ce dernier cas,
il devenait créancier pour le montant du prêt
qui lui avait été fait.

Mais ces espèces de prêts doivent être faits
avec prudence, et être proportionnés à la
quantité d'espèces disponibles à la Banque,
pour n'entraîner aucun inconvénient; car, si
les porteurs des récipissés étaient venus réa-

liser après les termes échus une partie de leurs emprunts à la Banque, sans que celle-ci fût suffisamment pourvue de numéraire pour y satisfaire promptement, ainsi qu'à ses autres opérations, il en serait résulté un discrédit qui aurait pu être funeste, comme cela est une fois arrivé à la Banque de Hambourg, qui par cette inadvertance s'est vue contrainte de suspendre ses paiements.

Mais ces opérations, conduites prudemment, comme elles le sont par la Banque d'Amsterdam, peuvent être d'une grande ressource pour la Banque et pour le public, et le commerce en général. En effet, ces récépissés ou ces crédits de Banque, tant échus qu'à écheoir, circulant de main en main suivant les demandes et les besoins, forment un fonds acessoire, qui remplace l'emploi du numéraire, et facilite les opérations du commerce. Car, si la prospérité d'un Etat dépend moins de l'abondance des métaux précieux, que de l'activité et de la circulation, les valeurs représentatives qui entretiennent et augmentent l'industrie générale, sont donc aussi favorables que le numéraire effectif, au bien-être et à la richesse d'une nation.

§. V I I I.

Banque de Londres.

Cette importante vérité fut sur-tout sentie
et développée par les peuples commerçants,
qui surent le mieux en profiter, pour accroître
leur commerce et leur prospérité. L'Angleterre, qui s'éleva si rapidement au dessus de
ses ressources naturelles, en forma le principe
et un des éléments de sa puissance. Elle ne
créa, en 1694, une Banque à Londres, que
pour augmenter son crédit, et les valeurs représentatives, qui s'accrurent d'une manière
vraiment surprenante, depuis l'époque de ce
grand établissement, qui est devenu l'ame des
opérations de commerce les plus vastes, et
une des plus grandes ressources du Gouvernement et de la nation.

Cette Banque, par ses statuts, fut différente
de celle des autres Etats commerçants ; on lui
accorda le privilége d'escompter toutes sortes
de billets ou d'effets de commerce, comme des
lettres de change et autres, de faire des avances
sur toutes sortes de marchandises en dépôt,
avec la condition néanmoins d'en faire la vente,
si l'emprunteur ne remboursait pas au temps

fixé , ou au terme de trois mois. Elle reçoit aussi tous les fonds qu'on y veut déposer, sans payer d'intérêt , et sans exiger aucun droit ; elle délivre en échange ses billets payables à volonté. Elle se charge encore de faire les recettes et les paiements de toutes personnes. La Banque a , en outre , la faculté de prendre des terres en hypothèques , et d'en vendre le produit ; mais il lui fut défendu d'étendre ce privilége sur les domaines de la couronne , et de faire des avances au Gouvernement, à moins que le parlement ne l'y eût autorisée , et ne lui eût donné les sûretés nécessaires pour le paiement des intérêts.

, Un des priviléges les plus importants de cette Banque , fut celui de pouvoir faire des émissions de billets, jusqu'à la concurrence de la somme de 1,200,000 livres sterling, qui formèrent d'abord son capital, qu'elle prêta aussitôt au Gouvernement, moyennant l'intérêt de 96,000 livres , et de 4000 livres d'indemnités annuelles, qui lui formèrent en tout le revenu de 100,000 livres sterling par an.

I X.

Rapports avec le Gouvernemen'.

Les fonds de la Banque s'étant accrus avec

I

son crédit, elle augmenta considérablement
la quantité de ses billets, qui circulèrent avec
la même facilité que les guinées, et dont la
somme totale s'éleva jusqu'à 11,000,000 sterling (264 millions de francs), qu'elle préta
encore à l'État à rente perpétuelle, et à l'intérét modique de 3 pour cent. Ce qui joint aux
avances considérables faites au Gouvernement
en temps de guerre, a faites monter ses créances
sur l'État, jusqu'à la somme énorme de 24
millions sterling (576 millions de francs), et
dans des temps difficiles, comme en 1752,
elle porta même ces avances jusqu'à 39,997,874
livres sterling. Son grand crédit lui permit
de procurer ces ressources au Gouvernement,
et même d'émettre de nouvelles actions de 100
livres sterling chaque, sur le capital qu'elle
emprunta pour faire honneur à ses affaires.

La Banque de Londres fait aussi des emprunts pour un temps fixe ; elle crée alors
des actions qui sont des annuités qui circulent
pour 105 jusqu'à 108, quand l'intérêt est de
trois et demi pour cent. Lorsque l'État fait des
emprunts à la Banque, il lui en délivre ordinairement la valeur en billets de l'échiquier,
de 100 livres sterling, à l'intérêt de cinq et
demi pour cent.

Enfin , la Banque de Londres , depuis son institution , n'a cessé d'être intimement liée d'intérêt avec le Gouvernement , dont elle est en quelque sorte l'agent , étant son receveur et son payeur général, pour la *landtaxe* (l'impôt foncier), et tout ce qui concerne la dette nationale ; ce qui forme une des principales branches des revenus et des dépenses de l'État. On peut dire qu'elle a en partie réalisé le fameux projet de Law, qui voulait que sa Banque fût le trésorier général du Gouvernement , afin d'étendre la circulation de ses billets, et d'en soutenir le crédit, en ordonnant à toutes les caisses publiques d'acquitter à présentation tous ceux dont on leur demanderait le paiement.

Ce système de crédit a mieux réussi en Angleterre qu'en France , soit par l'administration ou le génie différent des deux peuples. Les Anglais sont depuis long-temps accoutumés à ne point séparer leur fortune de celle du Gouvernement, et à le soutenir par leur crédit et tous leurs moyens; le Gouvernement, à son tour, s'efforce d'accroître la richesse des particuliers et de la nation , dont la prospérité le rend plus puissant. Cette réciprocité de services et de bonne intelligence, offre des avantages qui font la force et la splendeur de l'État. Il est vrai, que les engagements étant fidèlement remplis de la part du Gouvernement, personne n'est victime de son zèle ou de sa confiance. D'ailleurs, toutes les opérations financières sont combinées de manière à pouvoir être exécutées avec autant de promptitude que de facilité, par l'intérêt que chacun trouve à s'en charger.

Cependant la Banque de Londres ne rembourse pas dans ce moment-ci les billets qu'elle a mis en circulation, et montant à des sommes immenses ; le Gouvernement en ayant soutiré la valeur effective, a, pour cacher l'insolvabilité de cet établissement et soutenir son crédit, provoqué un acte du parlement qui suspend provisoirement le remboursement des billets de Banque. Ce qui les met au rang du papier-monnaie.

§. X.

Avantages qu'elle procura à la Nation.

La Banque de Londres fut ainsi d'une grande ressource, et pour le Gouvernement dont elle remplit les besoins les plus pressants, et pour le commerce dont elle soutint le crédit et augmenta l'activité. Elle favorisa en outre la circulation des billets des Banques d'Écosse et

des autres provinces, et fournit des fonds à
tous ces établissements, en acceptant ou escomptant leurs traites ; la valeur du papier
monnoie de ces Banques secondaires étant au
moins égale à celle de ses propres billets, l'Angleterre , suivant la judicieuse observation de
M. Deguer qui nous fournit ces renseignements,
lui fut redevable de l'augmentation de 22 millions sterling (5oo millions de francs) de
signe représentatif, qui, procurant les mêmes
avantages que le numéraire effectif, donna
les plus grands encouragements à l'agriculture,
à l'industrie et au commerce.

Mais en rendant ces services importants à
la nation et au Gouvernement, ajoute le même
auteur ; en portant les dividendes annuels à
7 pour cent de son capital, quoique l'État sur
lequel il est placé n'en paie que 3 pour cent ;
ses profits ne se bornant pas à la somme nécessaire pour élever à ce point les dividendes ,
elle augmenta chaque année son capital, par
des réserves sur les bénéfices : et le fonds que
ces réserves avaient formé, montait, le 25
janvier 1797, à près de 4 millions sterling
(96 millions de francs).

Enfin , le prix successivement élevé, quoique sujet à la hausse et à la baisse de ses actions,

et l'augmentation de son dividende, prouvent l'étendue des opérations et la sagesse de l'administration de la Banque de Londres. Elle peut offrir un modèle à imiter pour étendre le crédit public, et procurer de grandes ressources à une nation.

§. X I.

Révolutions que les Banques éprouvèrent.

Plusieurs États témoins des grandes ressources que ces Banques procuraient, voulurent jouir des mêmes avantages en faisant de pareils établissements. Telles furent les Banques de Copenhague, de Stockholm, de Vienne, etc., qui n'eurent qu'un succès passager, parce qu'il est plus facile de se créer un crédit, que de le conserver long-temps par une sage modération et une administration éclairée. Néanmoins, la plupart de ces établissements furent formés sur des plans savamment combinés, qui leur assurèrent d'abord un entier succès. Mais des obstacles joints à des besoins imprévus, s'opposant dans la suite à leur exécution, on modifia, on altéra par diverses ordonnances les statuts primitifs, auxquels ces institutions avaient dû leur réussite; ce qui réveilla la méfiance et anéantit le crédit sur lequel reposaient ces édifices , qui s'écroulèrent en aussi peu de temps qu'ils avaient été élevés.

Cependant les Banques les plus fameuses ne furent pas à l'abri de certaines crises , produites par des événements extraordinaires , qui semblaient devoir les anéantir ; mais desquelles elles sortirent triomphantes , en acquérant plus de crédit que jamais.

En 1672, lorsque Louis XIV était à Utrecht, la crainte qu'inspirèrent les armes de ce monarque , fit que chacun s'empressa de retirer ses fonds de la Banque d'Amsterdam , qui paya avec tant de promptitude, qu'on ne put avoir le moindre doute sur sa solidité.

La Banque de Hambourg éprouva le même sort , lorsque par l'imprévoyance de ses directeurs , et les circonstances particulières du temps , elle avait prêté sur des dépôts de lingots d'or et d'argent, plus que ses moyens ou ses fonds disponibles ne le permettaient ; de sorte qu'elle vit promptement son crédit s'altérer, le change des principales places de l'Europe lui être défavorable , et l'argent de Banque baisser sensiblement de valeur.

La Banque de Londres, quoique possédant des ressources immenses , et soutenue par le Gouvernement, a eu des crises plus fréquentes.

et plus violentes que tout autre établissement
de ce genre. L'on a vu cette Banque, après avoir
à elle seule soutenu le crédit de la nation, et
secouru l'État dans les circonstances les plus
difficiles, être quelquefois réduite à ne rem-
bourser ses billets qu'en monnaie, et n'y employer qu'une petite partie du jour pour pro-
longer les paiements, et gagner le temps nécessaire pour se tirer d'affaire. Mais le bon esprit
des négociants et des capitalistes, qui déclarè-
rent qu'ils accepteraient tout paiement fait en
billet de Banque, ne contribua pas peu à réta-
blir la confiance et le crédit.

§. X I I.

Principes qui doivent régir les Banques.

Les Banques doivent donc toujours avoir
des fonds considérables en réserve, pour parer
à tous les événements et soutenir leur crédit,
sur-tout dans des circonstances difficiles. Indépendamment de cette précaution nécessaire,
elles doivent combiner et conduire leurs opérations avec la plus grande prudence, pour
remplir scrupuleusement tous leurs engagements, et ne jamais exciter aucune méfiance.
C'est sur-tout au moyen d'une pareille ad-

ministration , que ces établissements utiles
pourront acquérir le crédit qui leur est nécessaire, jouir de toute la confiance qu'ils
doivent inspirer, et procurer les plus grands
avantages au commerce et à l'Etat. En effet,
la confiance est la base de leur crédit, et leur
crédit est en quelque sorte l'ame de toutes leurs
opérations, et le principe même de leur exis-
tence. Plus la confiance est grande , plus leur
crédit est considérable, et plus leurs entre-
prises peuvent être vastes et lucratives.

Mais cette prospérité pourrait leur être
fatale, si elles ne savaient pas y mettre de
justes bornes, et en jouir avec modération ;
car, il est peut-être moins difficile d'acquérir
un grand crédit, que d'en savoir faire un
usage convenable, et de pouvoir le conserver
long-temps sans aucune atteinte.

Tel fut malheureusement le grand écueil des
Banques, qui, croyant leurs ressources iné-
puisables, et leur crédit inaltérable , en abusèrent trop facilement , sur-tout celles qui
émettent des billets en circulation. Elles savent
rarement déterminer la juste proportion qui
doit exister entre ce signe représentatif et le
numéraire effectif. Au milieu de leurs plus
brillants succès, elles se laissent entraîner par

de fausses combinaisons, ou par une cupidité
plus blâmable et plus funeste encore, en at-
tirant d'un côté l'argent dans leur caisse , et
en créant d'un autre de nouvelles émissions
de billets. Ce qui , en rendant le numéraire
extrêmement rare , et le papier-monnaie beaucoup trop abondant, altère nécessairement
la juste proportion qui doit exister entre le
signe représentatif et l'argent effectif. Aussitôt
que les rapports qui doivent exister entre
l'une et l'autre de ces valeurs , sont sensiblement altérés , l'une doit nécessairement perdre
en raison de sa surabondance et du discrédit
où elle tombe ; tandis que l'autre doit être
d'autant plus recherchée et hausser de prix,
que la cupidité, la crainte et la méfiance n'ont
point de bornes.

Les Banques doivent donc éviter , par une
sage retenue , cet excès où les entraîne ordinairement leur prospérité et le grand crédit
dont elles jouissent ; les lumières de l'expérience doivent les éclairer et guider leur marche
dans ces sortes d'opérations , qui sont aussi
délicates que difficiles , et dont les résultats,
suivant qu'ils ont été plus ou moins sagement
combinés , peuvent être si funestes ou si avantageux.

§. X I I I.

Exemples tirés de l'Histoire.

L'histoire des différentes Banques de l'Europe, nous offre malheureusement de grands et tristes exemples de ce que nous venons d'exposer. La Banque, établie en 1756 à Copenhague, émit des billets en circulation, qui, par la sagesse de ses opérations, jouirent pendant quelque temps d'une grande faveur ; mais l'appas du gain entraîna bientôt les intéressés hors des limites de la prudence. Ayant perdu de vue les vrais rapports qui devaient servir de base à leurs opérations, ils portèrent imprudemment les émissions de leurs billets à des sommes fort disproportionnées aux fonds qu'ils avaient en valeur effective. Les billets de Banque tombèrent bientôt au dessous du pair, et le numéraire disparut de la circulation. On crut pouvoir remédier à cet inconvénient, et relever le crédit de la Banque, en donnant un cours forcé aux billets, en les déclarant monnaie courante, et en permettant l'émission de billets d'un rixdaler ; mais ces mesures ne firent qu'augmenter la méfiance : et malgré plusieurs emprunts faits dans l'étranger, mal-

gré les profits du commerce des deux Indes,
les billets continuèrent de perdre de plus en
plus.

La plupart des Banques établies depuis un
siècle en Europe, présentent les mêmes révo-
lutions, produites par les mêmes causes. Telle
fut en France, à l'époque de la régence, celle
établie par Law, qui est malheureusement
trop célèbre. Les billets qu'elle émit, jouirent
d'abord de la plus grande faveur ; mais ils
finirent par tomber dans un aussi grand discrédit, par les nombreuses émissions qu'on
en fit. Il en fut de même de la Banque de
Vienne, qui vit, quelques années avant la guerre,
ses billets préférés à l'argent comptant ; mais
qui perdirent ensuite beaucoup de leur valeur.
La France, dans ces derniers temps, a éprouvé
plus que tout autre État de l'Europe, tous les
phénomènes, ou, pour mieux dire, toutes les
vicissitudes attachées au système du papier-
monnaie. Les assignats opérèrent des prodiges,
et mirent la France à même de pouvoir, avec
ses seules ressources, faire face à l'Europe
entière. Mais elle se priva bientôt de ce puissant moyen, par l'abus qu'elle en fit ; et
chacun sait combien ce signe représentatif,
multiplié à l'excès, tomba en discrédit,

et perdit successivement toute sa valeur.

Pour éviter cet inconvénient, il faut telle-
ment proportionner la quantité du signe représentatif, avec le numéraire effectif, qu'ils
puissent aisément être échangés l'un contre
l'autre, de sorte qu'ils facilitent réciproquement
leur circulation au lieu de l'entraver. Alors l'activité se répand par-tout, avec la circulation
des richesses , et l'aisance naît avec la prospérité du commerce qu'alimente le crédit et la
confiance.

Tels sont les principes qui doivent servir de
base à l'institution des Banques , et qui doivent diriger leurs opérations, pour que ces Eta-
blissements soient durables , et procurent de
véritables avantages au commerce et à l'État.

SECONDE PARTIE.

BANQUE DE FRANCE.

§. Ier.

De son Origine, ainsi que des autres Établissements de même nature.

LA France possédant des richesses immenses, tant agricoles que manufacturières, avait besoin de l'institution d'une Banque, pour augmenter la circulation, et procurer à son commerce tous les avantages qui résultent d'un grand crédit et d'une grande activité.

Les capitalistes et les négociants de la capitale, sentirent vivement le besoin et les avantages d'un pareil établissement. Ils formèrent plusieurs sociétés pour créer et administrer différentes caisses, qui, sous la dénomination de *Comptoir Commercial*, de *Caisse d'Escompte* ou de *Comptes Courants*, mirent en circulation différentes sortes de billets, qui jouirent d'un grand crédit et procurèrent les plus grands avantages au commerce.

Mais parmi ces divers établissements, créés par le besoin, et devenus florissants par la sagesse de leur administration autant que par leur solidité, on distingua de bonne heure la Banque proprement dite, qui, par la réunion ' des banquiers, qui en avaient fait le centre de leurs opérations, s'éleva rapidement par l'immensité de ses moyens et le grand crédit qu'elle acquit, à un haut degré de prospérité.

Ces divers établissements, tous également favorables au commerce et à la circulation des richesses, étant dirigés par les mêmes principes et ayant à peu près les mêmes opé-rations pour objet, lorsqu'ils eurent acquis quelque consistance, commencèrent sinon à se nuire, au moins à s'entraver par leur ri-valité et leur concurrence. Ayant tous la fa-culté d'émettre des billets de différentes valeurs en circulation, et agissant suivant leurs besoins ou leurs intérêts, il pouvait en résulter des inconvénients très-graves, dont le public, et quelques-uns de ces établissements, auraient pu devenir tôt au tard la victime.

D'ailleurs, il convenait de concentrer le

crédit et toutes les ressources propres à le
créer et à le soutenir, dans un seul établissement, qui pût sans entrave et rivalité, combiner ses immenses opérations avec toute la
prudence nécessaire pour leur assurer un entier succès.

Le Gouvernement, toujours sage et éclairé
dans toutes ses résolutions, entreprit prudemment de réformer toutes les caisses particulières, pour ne laisser subsister que la
Banque de France, à laquelle il donna seule
le privilège de mettre des billets en circulation.
Pour fonder sur des principes stables ce grand
établissement, et lui assurer un crédit aussi
étendu que durable, le Gouvernement provo-
qua la loi du 24 germinal de l'an 11, qui servit
de statut à l'organisation définitive de la
Banque de France.

Cette loi mémorable, que nous rapporterons en entier, pour faire connaître un établissement qui intéresse si essentiellement le
commerce et la France entière, fut accueillie
avec reconnaissance par l'assemblée générale
des actionnaires, qui donnèrent leur adhésion
par un acte solennel dont le principal dispo-
sitif est ainsi conçu ;

« Considérant que si la loi du 24 germinal

an 11 , a déterminé les statuts fondamentaux
de la Banque, il importe que cette dernière
mette son dernier sceau à son contrat , soit
par un acte solennel qui constate son adhésion à la loi , soit par des dispositions addi-
tionnelles et organiques, qui, en facilitant et
en assurant son exécution, formeront le complément de la garantie que le Gouvernement,
le public, et la Banque se doivent réciproquement :

 » A résolu et arrêté, en rappelant le texte
formel de la loi , les articles additionnels ,
constitutionnels et organiques ci-après :

§. I I.

*Loi concernant la Création de la Banque
de France, et Statuts fondamentaux de
son Organisation.*

ARTICLE PREMIER DE LA LOI.

L'association formée à Paris sous le nom
de *Banque de France ,* aura le privilége ex-
clusif d'émettre des billets de Banque, aux
conditions énoncées dans la présente loi.

1. La Banque de France continuera, pendant toute
la durée de son privilége, à former une association en

commandite, par actions, dont les actionnaires ne seront que bailleurs de fonds.

2. Les actionnaires de la Banque ne seront tenus de ses engagements, que jusqu'à la concurrence du montant des actions dont ils sont propriétaires.

II. Le capital de la Banque de France sera de *quarante-cinq mille actions ,* de mille francs chacune (valeur métallique), en fonds primitif, et plus, du fonds de réserve.

Tout appel de fonds sur ces actions est prohibé.

III. Les actions de la Banque seront représentées par une inscription nominale sur les registres ; elles ne pourront être mises au porteur.

1. La transmission des actions sera faite par de simples transferts sur les registres , qui seront doubles.

2. Les actions ne pourront être valablement transférées que sur la déclaration du propriétaire ou de son fondé de pouvoir spécial, certifiée par les agents de change commissionnés par le Gouvernement.

3. Les actions de la Banque de France peuvent être acquises par des étrangers.

IV. La moindre coupure des billets de la Banque de France sera de *cinq cents francs.*

1. La Banque émettra des billets payables au porteur et à vue, et des billets à ordre, payables à un certain nombre de jours de vue , pour la commodité des voyageurs.

2. Ces billets seront émis dans des proportions telles, qu'au moyen du numéraire réservé dans les caisses de la Banque, et des échéances de son portefeuille, elle ne puisse dans aucun temps être exposée à différer le paiement de ses engagements, au moment où ils lui seront présentés.

3. Les créations et émissions de billets au porteur et à vue ne pourront, dans aucun cas, avoir lieu qu'en vertu d'une résolution du conseil de la régence, prise à la majorité des deux tiers des régents, et subordonnée à l'approbation des censeurs ou de la majorité d'entr'eux. En cas de refus de la part de ces derniers, il en sera référé à l'assemblée générale des actionnaires, dont la convocation ne pourra être remise à un délai plus long de dix jours.

4. Les billets créés et émis jusqu'à ce jour, en vertu des arrêts du conseil de régence, seront retirés de la circulation; ils seront remplacés par une somme égale de nouveaux billets de Banque, etc.

5. Il sera formé un comité des billets, composé de trois régents; les censeurs y seront admis. Ce comité sera spécialement chargé de surveiller toutes les opérations relatives à la confection, la signature et l'encaissement des billets nouveaux à émettre; et ce, à partir du jour de la fabrication du papier, jusqu'à leur versement définitif dans les caisses de la Banque.

Le comité fera son rapport de toutes ces opérations au conseil de régence; les procès-verbaux qui les auront constatées, seront transcrits dans le registre des délibérations.

Les billets de la Banque de France, au porteur et à vue, seront signés par le directeur-général, par le

directeur de la comptabilité des billets, par le contrô-
leur-général, par le secrétaire-général, et par le cais-
sier-général.

V. La Banque escomptera les lettres de
change, et autres effets de commerce.

La Banque ne pourra faire aucun commerce,
autre que celui des matières d'or et d'argent :
elle refusera d'escompter les effets dérivants
d'opérations qui paraîtront contraires à la
sûreté de la République ; les effets qui résulte-
raient d'un commerce prohibé ; les effets, dits
de *circulation*, créés collusoirement entre les
signataires, sans cause ni valeur réelle.

1. Les opérations de la Banque consistent :

1°. A escompter à toutes personnes, domiciliées à
Paris, les lettres de change et autres effets de commerce, souscrits par des négociants, commerçants,
manufacturiers, et autres citoyens notoirement ré-
putés solvables.

La Banque n'admet que du papier à trois signatures; mais le transfert pur et simple des actions, à la
Banque, équivaudra à la troisième signature.

Les actions transférées, garantiront à la Banque
le recouvrement des effets escomptés.

2°. A se charger, pour compte de particulier, et
pour celui des établissements publics, de recouvrer le
montant des effets qui lui seront remis, et à faire des
avances sur le recouvrement de ces effets, lorsqu'ils
paraîtront certains.

3°. A recevoir, en comptes courants, les sommes en
numéraire, et les effets qui lui seront remis par les particuliers, ou par les établissements publics; à payer,
pour eux, les mandats qu'ils tireront sur la Banque,
ou les engagements qu'ils auront pris à domicile, etc.,
jusqu'à la concurrence des sommes encaissées à leur
profit.

Les mandats tirés sur la Banque, par les comptes
courants, sont payables au porteur, et à présentation.
La Banque sera valablement libérée des sommes payées
sur ces mandats, quelle que soit leur date, quel que
soit l'individu qui en aura touché le montant.

La Banque ne sera passible que des erreurs qui lui
seront personnelles. Elle ne sera pas tenue des dili-
gences pour les lettres de change, ou autres effets,
dont elle aura à faire le recouvrement pour comptes
courants. Le cédant, ou dernier endosseur, sera tenu,
en cas de non-paiement par les débiteurs, de les rem-
bourser sur la simple présentation, et sans protêt.

La Banque ne sera point tenue des erreurs d'é-
chéance, provenant d'une cote erronée, sur les effets
au comptant, ou sur les bordereaux qui les désigneront.

4°. A ouvrir une caisse de placement et d'épargne,
dans laquelle toute somme au dessus de *cinquante fr.*
sera reçue, pour être remboursée aux époques con-
venues.

Le Banque paiera l'intérêt de ces sommes; elle en
fournira des reconnaissances au porteur ou à ordre.

VI. L'escompte sera perçu à raison du nombre des jours à courir, et même d'un seul jour,
s'il y a lieu.

VII. La qualité d'actionnaire ne donnera aucun droit particulier, pour être admis aux escomptes de la Banque.

VIII. Le dividende annuel, à escompter du 1er. vendémiaire an 13, ne pourra excéder six pour cent pour chaque action de mille francs; il sera payé tous les six mois.

Le bénéfice excédant le dividende annuel, sera converti en fonds de réserve.

Le fonds de réserve sera converti en cinq pour cent consolidés, ce qui donnera lieu à un second dividende.

Le fonds de réserve actuel sera aussi converti en cinq pour cent consolidés.

Le dividende des six derniers mois de l'an 11, sera réglé suivant les anciens usages de la Banque.

Le dividende de l'an 12 ne pourra excéder huit pour cent, y compris le dividende à provenir des produits du fonds de réserve.

1. Le dividende des actions sera réglé tous les six mois, par le conseil de régence; il sera payé à vue aussitôt après la fixation; savoir, à Paris, par la caisse de la Banque; et dans chaque chef-lieu de département, par les correspondants de la Banque, qui seront indiqués.

L'excédant des dividendes de l'année 12 et suivantes, ne sera mis en fonds de réserve, pour être converti en cinq pour cent consolidés, que sous la déduction des prélevements reconnus nécessaires pour couvrir la Banque des dépenses imprévues, résultantes des pertes éventuelles, accidents, frais d'établissements, etc., etc., afin que le capital originaire ne soit jamais entamé.

IX. Les cinq pour cent consolidés, acquis par la Banque, seront inscrits en son nom, et ne pourront être revendus, sans autorisation, pendant la durée de son privilége.

1. A la fin du privilége, la disposition des cinq pour cent consolidés, sera réglée par l'assemblée générale des actionnaires.

X. L'universalité des actionnaires de la Banque, sera représentée par *deux cents* d'entre eux, qui, réunis, formeront l'assemblée générale de la Banque.

XI. Les deux cents actionnaires qui composeront l'assemblée générale, seront ceux qui, d'après la revue de la Banque, seront constatés être, depuis six mois révolus, les plus forts propriétaires de ses actions ; l'actionnaire le plus anciennement inscrit, sera préféré.

1. En cas de parité de date d'inscription, le plus âgé aura la préférence.

XII. L'assemblée générale de la Banque se réunira dans le courant de Vendémiaire de chaque année ; elle sera assemblée extraordinairement dans les cas prévus par les statuts.

1. L'assemblée a lieu, de droit, le 25 vendémiaire.
Cette époque peut être devancée; elle ne peut jamais
être reculée.

2. L'assemblée générale peut être convoquée extraordinairement, par délibération motivée du conseil
de régence.

1°. Lorsqu'il y aura à statuer sur des dissentiments
dans le conseil de régence, relativement à la création
et à l'émission de billets payables au porteur, à vue.

2°. Lorsque le conseil aura à proposer des changements, modifications, ou améliorations aux statuts fondamentaux.

3°. Lorsqu'avant l'époque de l'assemblée générale
du 25 vendémiaire, le nombre des régents se trouvera
par des retraites, ou des décès, réduit à douze; ou lorsque celui des censeurs sera réduit à un seul. Dans les
deux cas, il y aura lieu à la convocation extraordinaire.

L'assemblée générale de la Banque, arrête ses
statuts fondamentaux. Elle les modifie, sans pouvoir'y
insérer aucune disposition contraire à la loi qui l'a
instituée. Elle approuve, rejette ou modifie les réglements intérieurs, arrêtés par le conseil de régence.
Elle entend et juge les comptes de l'année. Elle nomme
au scrutin les régents et censeurs à la place des sortants,
décédés ou démissionnaires. Elle prononce sur les
difficultés qui peuvent s'élever dans le conseil de régence, relativement à la création des billets.

XIII. Les membres de l'assemblée générale
devront assister et voter en personne, sans

pouvoir se faire représenter ; chacun d'eux n'aura qu'une voix, quelque nombre d'actions qu'il possède.

XIV. Nul ne pourra être membre de l'assemblée générale, s'il ne jouit des droits de citoyen Français.

1. Nul ne peut être membre de l'assemblée générale de la Banque, régent, censeur, membre du conseil d'escompte, s'il n'est citoyen Français, si avant fait faillite, il n'a pas été réhabilité.

2. Les régents, les censeurs, les membres du conseil d'escompte, ne pourront être pris que parmi les citoyens domiciliés à Paris.

XV. La Banque sera administrée par quinze régents, et surveillée par trois censeurs choisis entre tous les actionnaires par l'assemblée générale ; les régents et censeurs réunis formeront le conseil général de la Banque.

1. Le conseil de régence a l'administration unique de l'établissement. Aucune résolution n'y peut être délibérée hors la présence des censeurs, qu'avec le concours de huit votants au moins. Il doit rendre compte de sa gestion à l'assemblée générale de vendémiaire·

2. Le conseil de régence est chargé d'organiser l'administration de la Banque. Il fait à cet égard tous les réglements jugés nécessaires. Ces réglements sont exécutés provisoirement jusqu'à ce qu'il y ait été statué par l'assemblée générale.

3. Le conseil de régence détermine et classe les

emplois ; il nomme et destitue les employés ; il fixe leurs appointements.

4. Le conseil de régence règle les dépenses générales de l'administration.

Il règle les droits de présence des régents, censeurs et membres du conseil d'escompte.

5. La responsabilité des régents , des censeurs de la Banque et des membres du conseil d'escompte, ne peut avoir d'autre objet que l'exécution des statuts et réglements.

XVI. Les régents seront renouvelés chaque année par cinquième, et les censeurs par tiers.

XVII. Sept régents sur les quinze, et les trois censeurs, seront pris parmi les manufacturiers, fabricants ou commerçants actionnaires de la Banque ; ils seront complétés par les élections des années 11, 12 et 13.

XVIII. Il sera formé un conseil d'escompte, composé de douze membres pris parmi les actionnaires exerçant le commerce à Paris. Les douze membres seront nommés par les trois censeurs ; ils seront renouvelés par quart chaque année. Les membres de ce conseil seront appelés aux opérations d'escompte , et ils auront voix délibérative.

XIX. Les régents, les censeurs et les membres du conseil d'escompte sortants, pourront être réélus.

1. Le renouvellement des régents, censeurs et membres du conseil d'escompte, aura lieu par rang d'ancienneté.

Néanmoins le sort décidera encore pour l'an 12, quels seront les régents qui devront sortir.

Les membres du conseil d'escompte tireront au sort, jusqu'à ce que le quatrième quart, nommé en l'an 12, sorte par rang d'ancienneté.

XX. Les fonctions des régents, des censeurs et des membres du conseil d'escompte, seront gratuites, sauf des droits de présence.

1. Les régents et les censeurs doivent, en entrant en fonctions, justifier que chacun d'eux est propriétaire au moins de trente actions de la Banque.

2. Les membres du conseil d'escompte doivent justifier qu'ils sont propriétaires chacun de dix actions au moins.

3. Ces actions seront inaliénables pendant toute la durée de l'exercice de ces fonctionnaires.

XXI. Le conseil nommera un comité central, composé de trois régents; l'un d'eux sera nommé président, et dans cette qualité, il présidera l'assemblée générale, le conseil général, et tous les comités auxquels il jugera à propos d'assister.

1. Le conseil de régence nommera un vice-président, et deux suppléants aux membres du comité central, lesquels, en absence ou empêchement, feront le service de ce comité.

XXII. Les fonctions de président dureront deux ans. Les deux autres membres du comité seront renouvelés par moitié et tous les ans; les membres sortants pourront être réélus.

1. Cet article est commun au vice-président et aux s ppléants.

2. Le sort décidera quel sera celui qui sortira la première année.

XXIII. Le comité central de la Banque, est spécialement et privativement chargé de la direction, de l'ensemble des opérations de la Banque. .

1. Il est obligé de rendre compte au conseil de régence.

XXIV. Il est en outre chargé de rédiger, d'après ses connaissances et sa discrétion, un état général, divisé par classes, de tous ceux qui seront dans le cas d'être admis à l'escompte, et de faire successivement, dans cet état, les changements qu'il jugera nécessaires; cet état servira de base aux opérations d'escompte.

XXV. Ceux qui se croiront fondés à réclamer contre les opérations du comité central, relativement à l'escompte, adresseront leurs réclamations à ce comité, et en même-temps aux censeurs.

1. Les décisions qui seront prises à cet égard, seront subordonnées au jugement de la régence.

XXVI. Les censeurs rendront compte, à chaque assemblée générale, de la surveillance qu'ils auront exercée sur les affaires de la Banque, et déclareront si les règles établies, pour l'escompte, ont été fidèlement observées.

1. Les censeurs sont les représentants permanents des actionnaires, pour contrôler, et surveiller toutes les parties de l'administration. Ainsi, ils sont chargés de la surveillance immédiate, pour tout ce qui concerne l'exécution des statuts et réglements de la Banque; ils peuvent prendre connaissance de l'état des caisses, des porte-feuilles, des livres et des registres; ils doivent vérifier le compte annuel que la régence doit rendre à l'assemblée générale, et faire à cette assemblée le rapport de toutes leurs opérations.

. Les censeurs n'ont ni assistance, ni voix délibérative dans aucun des comités autre que celui des billets.

Ils assistent de droit au conseil de la régence; ils y proposent leurs observations, et peuvent en demander acte; mais ils n'y délibèrent pas; cependant les résolutions relatives à la création et à l'émission des billets, sont soumises à leur approbation.

Ils ont le droit de requérir la convocation extraordinaire de l'assemblée générale par des motifs énoncés et déterminés. Le conseil de régence délibère sur leur réquisition.

XXVII. Le conseil général actuel de la

Banque de France, est tenu de faire, dans un mois, les statuts nécessaires à son administration intérieure.

1. Pour l'administration intérieure, les quinze régents de la Banque se partagent en plusieurs comités, qui se distribuent les différentes branches des affaires de l'établissement, et qui les dirigent sous la surveillance immédiate du conseil de régence.

2. Le conseil de régence nomme ceux de ses membres qui doivent être attachés aux divers comités. Il règle la durée de leurs fonctions, et le mode de leur renouvellement.

XXVIII. Le privilége de la Banque lui est accordé pour *quinze années*, à dater du premier vendémiaire an XII.

XXIX. Les régents et censeurs actuels de la Banque de France, conserveront leur titre, et exerceront leurs fonctions pendant le temps fixé par les statuts et réglements.

XXX. La caisse d'escompte du commerce, le comptoir commercial, la factorerie et autres associations qui ont émis des billets à Paris, ne pourront, à dater de la publication de la présente, en créer de nouveaux, et seront tenus de retirer ceux qu'ils ont en circulation, d'ici au 1er. vendémiaire prochain.

XXXI. Aucune Banque ne pourra se former dans les départements, que sous l'autorisation

du Gouvernement, qui pourra leur en accor-
der le privilége ; et les émissions de ses billets
ne pourront excéder la somme qu'il aura déterminée. Il ne pourra en être fabriqué ailleurs
qu'à Paris. Les articles III, V, VI , XIII ,
XXIV et XXV de la présente loi, leur seront
applicables.

XXXII. La moindre coupure des .billets
émis dans les villes auxquelles le privilége en
sera accordé, sera de *deux cent cinquante fr.*

1. Les trois articles ci-dessus de la loi, ne sont
rappelés que pour établir le complément des dispositions, sous la foi desquelles la Banque de France s'est
constituée.

XXXIII. Aucune opposition ne sera admise
sur les sommes en comptes courants, dans les
Banques privilégiées.

XXXIV. Les actions judiciaires, relatives
aux Banques, seront exercées au nom des régents, poursuite et diligence de leur directeur
général.

XXXV. Il pourra être fait un abonnement
annuel avec les Banques privilégiées, pour le
timbre de leurs billets.

XXXVI *et dernier de la Loi.* Les fabrica-
teurs de faux billets, soit de la Banque de
France, soit des Banques des départements,

et les falsificateurs des billets émis par elles, seront assimilés aux faux monnayeurs, poursuivis , jugés et condamnés comme tels.

» La loi du 24 germinal an 11 , ci-dessus rappelée , et les dispositions statuaires et organiques qui y sont ajoutées , formeront les statuts fondamentaux de la *Banque de France*.

» Ces statuts serviront d'acte d'union entre les actionnaires ; ils formeront loi entre la Banque de France privilégiée et le public. A cet effet, ils seront enregistrés au tribunal de commerce du département de la Seine.

» Fait et arrêté en assemblée générale, le 25 Vendémiaire an 12. »

§. I I I.

Administration et Organisation intérieures de la Banque de France.

On voit donc que l'administration et l'organisation intérieures de la Banque de France, sont établies de manière à introduire le plus grand ordre dans toutes ses opérations, et à commander la plus grande confiance.

1°. *La Régence.* Elle est composée de quinze membres, nommés par l'assemblée générale des actionnaires, et renouvelés par

cinquième tous les ans. La régence s'assemble
une fois par semaine.

2°. *Trois Censeurs.* Ils surveillent l'ensemble
et les détails de l'administration, et se renou-
vellent par tiers tous les ans.

3o. *Un Conseil d'escompte*, composé de
douze négociants, et nommés par les censeurs. Les membres de ce conseil sont admis en
nombre égal avec les régents, à toutes les réu-
nions du comité d'escompte, formé pour l'exa-
men et l'admission du papier présenté.

· 4°. *Un Conseil central permanent*, qui
administre et rend compte à la régence.

5°. Enfin, divers comités formés pour la
surveillance, le soin des billets, livres, porte-
feuilles, caisses.

Chaque comité a son registre des délibérations, dont il rend compté à la régence.

Outre ces diverses classes d'agents attachés
à l'administration proprement dite de la Banque, il y a encore différents agents en chef
subordonnés à ceux que nous venons de nom-
mer, et dont les travaux sont co-ordonnés de
manière à se contrôler réciproquement.

· Il résulte de cette organisation un ordre
constant, une comptabilité claire et positive,
et une méthode propre à constater, d'une

manière convenable, tous les comptes et les
bénéfices de la Banque.

§. I V.

Résultats des Opérations de la Banque de France, pendant les années 12 et 13.

Le capital de la Banque de France étant,
d'après l'article II de la loi, de quarante-cinq
mille actions, de mille francs chacune, valeur
métallique , forme un fonds en numéraire
effectif de quarante-cinq millions , versés par
les actionnaires dans les caisses de la Banque.

Ce fonds , originaire et primitif, bien loin
d'avoir éprouvé dans le cours de ses opérations
quelque diminution, a été au contraire aug-
menté chaque année par le fonds de réserve,
réduit, d'après la loi, en tiers consolidé ; et
ce, indépendamment des frais d'établissement
et du dividende de huit pour cent, réparti
annuellement aux actionnaires.

C'est ce qui est constaté par les rapports
du président et des censeurs de la Banque,
faits chaque année à l'assemblée générale des
actionnaires , et qui représentent les résultats
des opérations de cet établissement , avec les
bénéfices acquis annuellement.

Le compte du résultat des opérations de l'an 12 , dont il fut fait le rapport par les censeurs et la régence, à l'assemblée générale des actionnaires , présenta en bénéfice net, pour l'année , la somme de 4,185,937 francs 43 centimes, faisant un produit de douze pour cent, et quinze millièmes , qui a été réalisé pendant l'an 12.

Il n'a été réparti aux actionnaires , suivant la loi , que huit pour cent, dont quatre pour cent en germinal , et quatre pour cent en vendémiaire de l'an 13.

La réserve , qui s'est montée à 1,102,534 francs 94 centimes, a été convertie en tiers consolidé.

Suivant le même rapport, la somme totale des cinq pour cent consolidés , qui jusqu'à cette époque (au mois de vendémiaire de l'an 13) a été mise dans le porte-feuille , en inscriptions au nom de la Banque de France , s'est élevée à 255,729 francs de rente , qui , sur le pied de 5o francs seulement , représentent un capital de 2,557,729 francs, qui forment le fonds de réserve, acquis à cette époque à la Banque.

Les opérations de la Banque de France pendant l'an 13, ont présenté des résultats encore plus avantageux , soit pour cet établissement, soit pour le commerce, le public et l'Etat.

Suivant le rapport fait par le président à l'assemblée générale des actionnaires, le 24 vendémiaire an 14, le mouvement des caisses tant en entrée qu'en sortie, a été d'environ quatre milliards cinq cents millions; ce qui est une preuve de l'étendue des opérations de la Banque, de son extrême activité, et de la grande circulation qu'elle excite et entretient dans le commerce.

La Banque a particulièrement favorisé le commerce de Paris, en escomptant six cent-trente millions huit cent-soixante-dix mille trois cent soixante-huit francs, qui n'ont donné aucune perte (excepté celle de 22,124 francs occasionnée par des faussaires), ce qui fait honneur à l'extrême vigilance du comité d'escompte, et à l'active surveillance des régents et des censeurs de ce grand établissement.

Les bénéfices nets, c'est-à-dire, déductions faites de tous frais ou pertes quelconques de la Banque, se sont élevés, pendant le premier semestre de l'an 13, à deux millions cent cinquante-huit francs soixante-quinze centimes, qui ont donné lieu à un dividente de trente-cinq francs pour chaque action, y compris cinq francs pour la répartition de la rente des cinq pour cent consolidés etc., indépendamment d'une réserve de cinq cent quatre-vingt-neuf mille sept cent seize francs soixante-quinze centimes , qui doivent être ajoutés au capital, qui forment le fonds de réserve placé au profit de la Banque en cinq pour cent; ce qui forme encore pour le semestre une réserve de treize francs quinze centimes, qui est acquise à chaque action, et qui en augmente d'autant plus le capital.

Les bénéfices nets de la Banque pendant le second semestre de la même année, ont été de deux millions quatre cent quatre-vingt-quatorze mille trois cent vingt-trois francs vingt-cinq centimes , qui ont donné lieu à un dividende de trente-six francs pour chaque action, y compris six francs pour la répartition de la rente du cinq pour cent consolidé, outre une réserve de huit cent quatre-vingt mille quarante-sept francs quatre-vingt-trois centimes, qui doivent augmenter le fond de réserve que la Banque possède en cinq pour cent consolidé. Ce qui a formé pour chaque action une réserve acquise pendant ce dernier semestre, de dix-neuf francs soixante-deux centimes.

Le dividende total de l'année, a donc été

pour chaque action, de soixante-onze francs, et l'entier montant de la réserve de trente francs soixante-dix-sept centimes; en tout, cent trois francs sept centimes : ce qui revient à dix pour cent, et trois cinquièmes, du capital primitif.

Toutes les réserves acquises jusqu'à cette époque (le 24 vendémiaire de l'an 14, ou le 16 octobre 1805), et placées à rentes en cinq pour cent consolidé, s'élèvent à cent quarante-un francs cinquante-quatre centimes par action.

Enfin, le capital formant jusqu'à l'époque ci-dessus mentionnée, le fonds de réserve de la Banque de France, et employé en cinq pour cent consolidé, est de cinq millions trois cent quatre-vingt-dix-neuf centimes, qui produisent quatre cent quatre-vingt-cinq mille trente-un francs de rente annuelle.

Tels ont été les effets de l'administration sage et éclairée de la Banque de France, et le résultat de ses opérations pendant le cours des deux années qui ont suivi son organisation et sa nouvelle fondation, établies et déterminées par les dispositions de la loi du 24 germinal de l'an 11, rapportée précédemment avec les statuts additionnels que les actionnaires ont jugés nécessaires.

§. V.

Solidité de la Banque de France.

L'on pourrait sans doúte s'étonner avec les régents et les censeurs de la Banque, auxquels cet établissement utile doit sa prospérité , comment une situation aussi brillante qu'avantageuse , n'a pas été capable de rassurer le public, et de dissiper toute espèce de crainte sur la solidité de la Banque, qui devait au contraire se flatter d'inspirer plus de confiance que jamais, en méritant le crédit qu'elle a si justement acquis, et dont elle a fait l'usage le plus favorable au commerce.

En effet, non seulement l'immense capital de la Banque, montant à quarante-cinq millions , est intact dans ses mains; mais il s'est encore accru de plus de six millions de la réserve d'une partie de ses bénéfices. Et en outre, elle possède l'équivalent de tous ses billets circulants , en bonne lettres de change, et en excellents effets de commerce , garantis par trois signatures de banquiers ou des négociants les plus accrédités de Paris. Sans doute , comme l'observe judicieusement un des censeurs les plus respectables de la Banque, le sénateur

Journu-Aubert, l'authenticité et la publicité de ces faits devraient seuls suffire pour rassurer les esprits les plus timides et les moins confiants.

Aussi, malgré l'aveugle empressement que la plupart des agioteurs ont témoigné pour se procurer le remboursement des billets, afin de les échanger de nouveau contre des espèces, et gagner un fort agio, les actions de la Banque n'ont éprouvé à la bourse aucune diminution sensible, parce que le commerce est convaincu, non seulement de la solidité de cet établissement, mais de la sagesse de son administration ainsi que de ses opérations lucratives et avantageuses.

D'ailleurs, comme les actionnaires de la Banque forment une société en commandite, pour le montant du capital que chacun d'eux a fourni, il est certain que les porteurs de billets de Banque auraient droit d'en exiger le remboursement en numéraire effectif, sur tous les fonds fournis par les actionnaires et leur appartenant.

Or, comme indépendamment de son fonds capital et de réserve, la Banque possède encore en porte-feuille ou dans ses caisses, l'équivalent de la valeur de tous ses billets circulants,

dont aucun n'est sorti de ses mains sans une entrée d'effets à triple signature ou à triple garantie
de banquiers et de négociants, jouissant tous du
plus grand crédit, et dignes de la plus grande
confiance, il est indubitable qu'elle puisse offrir pour sûreté de ses engagements, au porteurs de ses billets, au moins une valeur double
de leur montant, et par conséquent de quoi les
tranquilliser parfaitement.

C'est ce qui se trouve pleinement justifié par le
discours du président de la Banque de France, à
la dernière assemblée générale des actionnaires,
à laquelle il annonce « que la position de la Ban-
» que est telle, qu'en cumulant les valeurs qui
» représentent son capital, avec celles que les
» billets ont fait entrer dans son porte-feuille,
» il n'est pas un de ces billets, dont le recou-
» vrement en écus ne soit garanti par une va-
» leur plus que double de son indication no-
» minale. »

Il est vrai que les circonstances extraordinaires où la Banque s'est trouvée inopinément,
occasionnées d'une part par la sortie subite
de sommes énormes de ses caisses, pour faire
face au remboursement de ses billets, et de
l'autre, par le défaut de rentrée proportion-
nelle, a pu causer un retard involontaire et

momentané, dont l'agiotage et la malveillance ont profité, pour exciter des craintes mal fondées et assaillir tout-à-coup la Banque par des remboursements extraordinaires.

La dépense journalière de la Banque, qui ordinairement n'excède pas cinq à six cent mille francs en écus, lesquels suffisaient aux besoins et à la circulation de la Capitale, s'est élevée progressivement jusqu'à quatorze et quinze cent mille francs par jour.

Pendant les six premiers mois de l'an 13, la dépense de la Banque en espèces, a été de cent vingt – trois millions, et pendant les six derniers mois, elle s'est élevée à cent quarante-trois millions cinq cent mille francs. Il y a donc eu vingt millions cinq cent mille francs de différence. C'est le montant de la réserve obligée. Et cette différence a eu lieu, suivant l'observation du président de la Banque de France (le sénateur Perregaux), malgré les achats de piastres, qui ont procuré dix sept millions cinq cent mille francs dans ce sémestre.

§. V I.

Causes de la Pénurie du Numéraire.

Cette pénurie s'est même prolongée jusqu'au

mois de vendémiaire de l'an 14, pendant lequel la Banque a payé journellement environ six cent mille francs effectifs, sans que les demandes se soient ralenties sensiblement. On serait donc tenté d'attribuer cette dépense excessive et continuée du numéraire, moins à des besoins réels, qu'à des machinations nouvelles de la part des ennemis de la France, pour ébranler son crédit, et soutirer l'argent effectif.

La cupidité qui spécule sur toutes les crises de cette espèce, et la défiance qui s'accroît en raison des spéculateurs de la cupidité, comme l'a observé le président de la Banque, ont retardé le moment où la confiance éclairée du public, aurait pu renaître et dissiper toute espèce d'inquiétude mal fondée; et cet établissement reprenant son cours ordinaire, aurait bientôt justifié par la sagesse de son administration, l'immensité de ses moyens, les avantages et la sûreté de ses opérations, la confiance qu'il a toujours mérité, et le crédit qu'il a justement acquis, et dont il a fait l'usage le plus favorable à la prospérité du commerce.

Mais une cause nécessitée par les événements, paraît avoir produit ces demandes extraordinaires et momentanées du numéraire. La Ban-

que étant le centre commun de la circulation
des espèces et de la majeure partie des né-
gociations, tant commerciales que financières ,
c'est principalement dans ses caisses, comme
l'a dit le sénateur Perregaux, que les départements, les banquiers et les entrepreneurs de
tous les services, puisent les écus dont ils ont
besoin.

La nouvelle guerre que l'Autriche, excitée
par l'Angleterre, a entreprise si inconsidéré-
ment contre la France, a nécessité un dé-
placement considérable de personnes qui ont
réalisé en écus une partie de leur avoir, pour
fournir à leurs besoins dans les départements
ou dans les divers services de l'armée dont
elles sont chargées. D'une autre part, le Gouvernement faisant marcher en Allemagne et en
Italie un grand nombre de troupes, pour triom-
pher de ces nouveaux ennemis, a été obligé
d'envoyer des fonds considérables en espèces,
pour former des magasins et entretenir ses ar-
mées.

Les billets de la Banque, qui ne circulent
que dans Paris, et n'ont point de cours hors
de la capitale, ont été réalisés en majeure
partie contre des écus ; et cela si subitement,
que cet établissement, malgré ses immenses

ressources, n'a pu satisfaire sur-le-champ, et tout à la fois, la foule qui, par besoin ou par crainte, s'empressait d'échanger des billets contre du numéraire.

_ La Banque de France, ou pour mieux dire, de Paris, doit s'attendre à éprouver de pareils embarras, toutes les fois que les événements attireront une grande partie du numéraire hors de la capitale, parce que ses billets au porteur ne circulant pas dans les départements, ceux-ci attirent dans ces circonstances la majeure partie de l'argent effectif, et laissent la Banque au dépourvu.

§. V I I.

Moyens de remédier à cet inconvénient.

Le meilleur moyen de parer à cet inconvénient, et d'étendre les bienfaits de cette utile institution dans toutes les parties de la France, serait d'établir des Banques semblables dans les principales villes de l'Empire. Ces établissements, en favorisant le commerce et l'industrie sur toute la vaste étendue du territoire français, se soutiendraient et s'entr'aideraient mutuellement, par une réciprocité de besoins et de services, qui étendraient et consolideraient leur crédit.

En Angleterre, toutes les villes manufacturières et maritimes, ont chacune leur banque
particulière. Leeds', Sheffield, Bristol et beaucoup d'autres, trouvent dans les leurs des fa-
cilités journalières, et des ressources perma-
nentes et promptes, pour faire prospérer leur
commerce. Si l'industrie et l'activité extraordinaires des Anglais nous excluent de la plupart
des marchés de l'un et de l'autre hémisphère,
on peut en attribuer une des causes aux avantages que chaque Banque locale offre aux in-
dustrieux habitants de chacune de ces villes.

Pourquoi ne profiterions - nous pas d'une
ressource dont l'expérience des autres peuples
nous garantit le succès, et que nos besoins et
notre industrie rendent plus nécessaires que
jamais ?

« Au moyen de semblables institutions', qui
» restreindraient les besoins du signe matériel
» d'échange,» a dit avec raison un des censeurs
de la Banque de France, M. Journu-Aubert,
sénateur,» on ne verrait plus les voitures
» publiques encombrées d'argent, allant et ve-
» nant en tout sens, et se croisant tous les jours
» sur les mêmes routes ; les unes portant au
» même lieu d'où les autres rapportent: alors,
» Paris n'aurait aucun besoin d'en faire venir

» des départements ; ceux-ci laissant aller les
» choses à leur cours naturel, le niveau se
» rétablirait et se maintiendrait sans effort ;
» des lettres de change (*ou les billets des*
» *diverses Banques payables et exigibles*
» *par toute la France*) remplaceraient ces nui-
» sibles envois d'espèces ; chaque écu repre-
» nant sa place, rendant tous les services qu'on
» doit en attendre, on n'aurait plus à craindre
» ces crises causées par des déplacements con-
» vulsifs.

    » Si l'on calcule, ajoute le même adminis-
» trateur, ce qu'il en coûte annuellement en
» frais de port et de rapport, en perte de
» temps, en commissions, on sera étonné de
» l'énormité d'une dépense aussi stérile, non
» compris ce que chaque pièce de monnaie doit
» perdre par le frai. »

Tout démontre donc les avantages et même
la nécessité de l'établissement des Banques, à
l'instar de celle de Paris, dans les villes les plus
commerçantes et les plus industrieuses de la
France. La même loi et les mêmes statuts qui
ont servi de base à la Banque actuelle, et dont
l'expérience à montré la sagesse, peuvent pa-
reillement être appliqués à celles qu'on pourra
instituer dans les divers départements de l'Em-

pire. Les divers rapports qui s'établiraient entre
elles , dépendront principalement de leurs besoins et de leurs avantages réciproques , combinés avec la prospérité de l'industrie et du
commerce, qui doit toujours être le principal
objet de ces établissements.

- Alors , leur salutaire influence se portant
également sur toutes les parties de la France,
répandrait dans tous les membres du corps politique , le bonheur et l'aisance. Une précieuse
activité ferait place à une funeste inaction , et
le mouvement rapide imprimé à toutes les richesses, les ferait circuler jusque dans les moin-
dres canaux ouverts à l'industrie de la nation.

Les bienfaits de ces institutions seraient bien
plus considérables , si elles pouvaient devenir
comme à Venise, à Amsterdam, à Hambourg,
le centre commun des paiements provenants
des opérations commerciales ; lesquels s'effec-
tuant comme dans ces places par des seuls virements de parties faits en Banque, donne-
raient la plus grande activité au commerce , et
augmenteraient considérablement son crédit et
ses ressources, ainsi que la prospérité et l'opu-
lence de ces villes célèbres nous en offient de
grands et mémorables exemples.

Nous rapporterons à ce sujet le sentiment

de l'administrateur de la Banque de France, que nous avons déjà cité précédemment, et dont l'autorité dans cette matière mérite la plus grande considération.

« On s'étonne avec raison, dit M. Journu- » Aubert, » sénateur et censeur de la Banque de France, « que dans un temps où les lumières » sont si répandues, où parmi les négociants » des grandes villes se trouvent autant de bons » esprits, on ne s'y occupe pas de se concilier » et de s'arranger pour n'être pas obligé d'ef- » fectuer matériellement la totalité des gros » paiements en numéraire ; tandis que par un » seul bureau de comptes-courants dans une » ville, ou bien par des compensations, on » pourrait balancer et solder la plupart des » engagements par quelques traits de plume.

» Qui ne connaît pas l'ancien usage de Lyon, » auquel cette ville fut plus qu'on ne pense, » redevable de sa prospérité ?

» Tous les engagements de trois en trois » mois y étaient souscrits pour échoir le même » jour ; de manière, que quatre fois par an, » chacun ayant à payer et à recevoir au même » moment, on opérait par de simples revire- » ments les paiements les plus considérables » entre tous les commerçants de la place, sans

5

» avoir besoin d'argent que pour les soldes et
» les appoints. »

Il serait sans doute facile de procurer les
mêmes avantages au commerce des principales
villes de France, par l'institution des Banques
où chaque banquier et négociant pourrait se
faire ouvrir un crédit et un compte courant,
par le moyen desquels il recevrait et ferait
tous ses paiements en Banque, ce qui éviterait
bien des frais et des embarras, et même quelquefois des pertes assez considérables.

Il faut donc espérer que tant d'avantages
réunis, feront enfin la plus vive impression
sur tous les négociants de la France, qui se
lieront d'intérêt pour former des établissements que le Gouvernement favorisera sans
doute de tout son pouvoir, par l'accroisse-
ment de prospérité qu'ils promettront à l'Empire Français !

TABLE

DES MATIÈRES.

PREMIÈRE PARTIE.

SECONDE PARTIE.

BANQUE DE FRANCE.